윤슬 4

2023

윤슬 4

김재석

사랑하는 아내 정희와 딸 미로에게
이 시집을 준다

시인의 말

『윤슬』,
『윤슬 2』,
『윤슬 3』에 이어
『윤슬 4』를 세상에 내던진다

욕먹을 것이다

2023년 여름
일속산방(一粟山房)에서
작시치(作詩痴) 김재석

차례

윤슬 4

시인의 말

1부

윤슬 13
윤슬 15
윤슬 17
윤슬 18
윤슬 19
윤슬 21
윤슬 22
윤슬 24
윤슬 26
윤슬 28
윤슬 30
윤슬 31
윤슬 32

2부

윤슬 - 울릉도 35
윤슬 - 북항 36

윤슬 − 가우도 꿩독바위 38
윤슬 − 시아바다 40
윤슬 − 호수공원에서 42
윤슬 − 진양호 43
윤슬 − 보리마당 앞바다 44
윤슬 − 장도 46
윤슬 − 겨울강 48

3부

윤슬 - 백야 53
윤슬 − 와이키키 55
윤슬 − 바이칼 호수 56
윤슬 − 샐리너스 밸리 58
윤슬 − 포카리 60
윤슬 − 바라쿠다호수 62
윤슬 − 투즈호 63
윤슬 − 암스테르담 64
윤슬 − 다뉴브강(세르비아) 66
윤슬 − 하바나 68
윤슬 − 시실리 70

4부

건망증 73
나의 생은 무담시에 이를 것이다 74

나는 모순으로 가득 차 있다 76
고희의 강을 눈앞에 두고도 나는 78
나는 내가 맘에 들지 않는다 80
나 때문에 못 살겠다 82
내가 나를 가지고 몸살을 하다 84
나는 나의 부메랑이다 85
나는 나의 적폐 대상이다 86
나에게 면목없다 88
귀찮다 89
물들다 90
따돌리다 92
젖다 94

5부

그 많던 성냥은 다 어디로 갔나 97
반야사 수탉의 울음소리가 나를 가만두지 않는다 98
가을이 나를 잡기 전에 내가 가을을 잡아야겠다 100
내가 끝까지 부르지 못하는 노래가 있다 102
유 투 104
애기동백과 나 106
백련지와 나 108
기러기 떼와 달 110
설중매 112
가을 114
폭설 115

폭설 116
폭설 118
구슬나무를 바라보며 120
겨울 구슬나무 122
겨울 왕버드나무 124
엠마오 가는 길 126

1부

윤슬

내 눈에는
햇빛과
물결이
서로 콩깍지 씐 걸로 알고 있는데
햇빛이 달려들 때
물결이 한 번이라도
밀어낸 적이 있을까

햇빛이 달려들 때
한 번이라도 밀어내야지
한 번도 밀어내지 않으면
햇빛이
물결을 쉽게 생각할 테니

햇빛도
물결이
그냥 자신에게 넘어가면
뭔 재미가 있겠는가

달려들면
밀어내고

달려들면
밀어내고를
몇 차례 반복한 뒤
하나가 돼야지

내 눈에는
햇빛과
물결이
서로 콩깍지 씐 걸로 알고 있는데
햇빛이 달려들 때
물결이 한 번이라도
밀어낸 적이 있을까

윤슬

서로 콩깍지 씐
햇빛과
물결이 함께하다가
햇빛이 떠날 때에
물결이 붙들까, 붙들지 않을까

햇빛이 떠나는 건
물결이 지쳐서가 아니라
햇빛이 지쳐서인 게 분명한데

물결이
햇빛이 싫다고
이제 그만 헤어지자고
밀어낸 건 아니지

까딱 잘못하다간
길을 잃을 수 있으니
좀 더 어두워지기 전에
햇빛이 떠난 거지

물결이

햇빛에게
이제 그만 돌아가라고
귀띔해 줬을 수도 있지

만에 하나
물결이 붙든다면
햇빛이 달래고 떠날까,
뿌리치고 떠날까

윤슬

햇빛이
물결과 헤어지는 건
서로 틀어져
헤어지는 게 아니지

서로 틀어져 헤어진다면
먼 데서 온
햇빛에게 책임이 있을까,
물결에게 책임이 있을까

둘 다 책임이 있을까

둘 다 책임이 없을 리는
없고

물결과
햇빛이 헤어지는 건
서로 틀어져
헤어지는 게 아니지

윤슬

햇빛과
물결이 헤어져
서로 상처를 입는다면
누구의 상처가 더 클까

물결의 상처가 더 클까
햇빛의 상처가 더 클까

상처를 입어도
물결도
햇빛도
금방 상처가 아물지만……

물결과
햇빛이 헤어져
서로 상처를 입는다면
누구의 상처가 더 클까

윤슬

물결은
햇빛을 맞이할 때와
달빛을 맞이할 때
어느 때가 더 기분이 좋을까

달빛도
달빛 나름이고
햇빛도
햇빛 나름이긴 하지만

물결에게
나의 생각을 말하면
물결이 대답할까

내가
햇빛과
달빛을
서로 이간질한다고
생각할 수 있으니
물을 생각을 말아야 한다

물결은
달빛을 맞이할 때와
햇빛을 맞이할 때
어느 때가 더 기분이 좋을까

윤슬

누구의 이목을 끌려고
햇빛이
물결과 함께한 게 아니다

누구의 이목을 끌려고
달빛이
물결과 함께한 게 아니다

햇빛이
누구의 이목을 생각할 정도로
여유가 있는 것도 아니다

달빛이
누구의 이목을 생각할 정도로
여유가 있는 것도 아니다

햇빛도
달빛도
물결과 함께하는 동안
정신이 없다

윤슬

별빛이
물결과 함께해도
눈에 잘 띄지 않는 건
달빛에 치여서다

별빛이
달빛에 치여
눈에 띄지 않기에
별빛이
물결과 함께하지 않은 걸로
다들 오독을 한다

별빛이
달빛에 묻어
재미를 보고 있는 걸
아는 이는 없다

내 눈에 띄지 않아서지
별빛이
어딘가에서
물결과 함께하여

보석을 낳을 것이다

별빛이
물결과 함께해도
눈에 잘 띄지 않는 건
달빛에 치여서다

윤슬

별빛은
달빛보다
더 먼 데서 오기에
달빛보다
더 힘이 들 것이다

힘이 파인
먼 데서 온 손님인
별빛을
물결이
소홀히 대접하지 않을 것이다

달빛에 묻어 있던
달빛에 묻어 있지 않든
물결은
별빛을 대접해 보낼 것이다

달빛과 물결이 함께하여
태어난 보석이
달빛에 별빛이 묻어
태어난 보석이

별빛과 물결이 함께하여
태어난 보석이
조금씩 다를 것이다

별빛은
달빛보다
더 먼 데서 오기에
달빛보다
더 힘이 들 것이다

윤슬

햇빛이
물결을 찾아와
무어라 속삭이는지
알아내기 전에는
이 자리를 뜨지 않으리라

햇빛의 속삭임에
물결이
무어라 답하는지
알아내기 전에는
이 자리를 뜨지 않으리라

내가 햇빛이라면
나는 물결에게
'그대의 가슴에 사랑의 나무를'이라고 속삭일 텐데

내가 물결이라면
나는 햇빛에게
'이보다 좋을 수가 없다'라고 답할 텐데

햇빛과

물결은
서로 무슨 말을 주고받을까

햇빛과
물결이
서로 무슨 말을 주고받는지
알아내기 전에는
나는 이 자리를 뜨지 않으리라
매번 맹세하건만
아직까지 무슨 말을 주고받는지
알아내지 못하고 있으니

햇빛과
물결이
서로 무슨 말을 주고받는지
알아내기 전에
햇빛이 물러나고 마니

* 그대의 가슴에 사랑의 나무를(My love tree in your heart): 로렌스의 소설 『Rainbow』에 나오는 구절 같은 데 정확히 찾아내지 못했다.

윤슬

有朋이 自 遠方來면 不亦樂乎아인데
벗 아닌
님이 먼 걸음을 하면
즐거움이 배가 될 것이네

물결이 맞이하는
저 햇빛은
벗인가,
님인가

소월은
벗은 설움에서 반갑고
님은 사랑해서 좋아라라고
노래했는데

님은 사랑해서 좋아라는
그냥 알겠는데
벗은 설움에서 반갑고는
왜 그냥 알지 못하지

물어보나 마나

저 햇빛은
물결에게
벗 아닌
님이네

벗에 비해
즐거움이 배가 될 것이고
사랑해서 좋을 것이네

* 유붕有朋이 자自 원방래遠方來면 불역낙호不亦樂乎: 멀리서 벗이 찾아오면 또한 즐겁지 아니한가

윤슬

햇빛은
어처구니고
물결은
맷돌이라면

어처구니로
맷돌을 돌리는
보이지 않는 저 손은
누구인가

햇빛은
절구고
물결은
절구통이라면

절구로
절구통을 찧는
보이지 않는 저 손은
누구인가

윤슬

햇빛과 물결이 만나
깨가 쏟아지네

아니
아니

보석이 쏟아지네

윤슬

햇빛과 물결이 만나
보석을 낳는 건
골프로 말하면 홀인원이다

버디도
이글도
알바트로스도
아닌

달빛과 물결이 만나
보석을 낳는 건
골프로 말하면 홀인원이다

버디도
이글도
알바트로스도
아닌

2부

윤슬
 - 울릉도

햇빛을
물결이 가슴으로 맞이할 때
울렁울렁

햇빛이
물결의 가슴에 뛰어들 때
울렁울렁

달빛을
물결이 가슴으로 맞이할 때
울렁울렁

달빛이
물결의 가슴에 뛰어들 때
울렁울렁

윤슬
- 북항

햇빛과
물결이 함께한 것을
빨간모자 풍차등대와
파란모자풍자등대가 지켜보고 있다

그냥 지켜보는 게 아니라
부러운 듯이 지켜보고 있다

빨간모자풍차등대가
햇빛이라면
파란모자풍차등대는
물결이다

멀리서
서로 눈빛을 주고받는
빨간모자풍차등대와
파란모자풍차등대도 나와 같은
생각을 할까

빨간모자풍차등대와
파란모자풍차등대가 나와 같은

생각을 하고도
내색을 안 할 뿐인가

물결과
햇빛이 함께한 것을
빨간모자 풍차등대와
파란모자풍자등대가 지켜보고 있다

*북항은 목포에 있는 항구이다. 배가 드는 양쪽 물양장에 빨간모자 풍차등대와 파란모자풍자등대가 견우와 직녀처럼 서로 바라보고 있다.

윤슬
-가우도 펑독바위

달빛이
물결을 가지고 노는 걸
그냥 맛볼 수 있는 게 아니지

물결이
달빛을 가지고 노는 걸
그냥 맛볼 수 있는 게 아니지

달빛과
물결이 서로 가지고 노는 걸
그냥 맛볼 수 있는 게 아니지

바위 주변에
물이 드는지도 모르고
저걸 맛볼 정도가 되어야
저걸 맛봤다 할 수 있지

물이 드는지도 모르고
저걸 맛볼 정도가 되는 게
좋은 건지
좋지 않은 건지

물이 들어도
목숨,
목숨과 무관하게 물이 든다면
굳이 따질 필요가……

하지만
젖지 않으려면
물이 빠질 때까지
바위에서
몇 시간이고 기다려야 하지

윤슬
  - 시아바다

햇빛을 맞이한 물결이
햇빛과
무슨 이야기를 주고받는지 몰라도
물결이 생각이 있다면
보도연맹원 이야기는 빠뜨리지 않을 것이다

6·25한국전쟁 직전에
철삿줄에 꽁꽁 묶인 채
LST 미군함정에 강제로 끌려와
수장된 보도연맹원 이야기를
햇빛에게 들려줄 것이다

대를 이어 전해 오는
그 이야기를
물결이 햇빛에게 전해주는 것은
다시는 이 바다에서
그런 일이 되풀이되지 않기를 바라기 때문일 거다

물결이 들려주는
수장된 보도연맹원 이야기에
햇빛이 몸서리치겠지만

잘못하다간 묻히고 말 이야기가
묻히지 않게 하기 위하여
햇빛을 불러
다른 건 몰라도
보도연맹원 이야기만은 꼭 들려줄 것이다

더불어
수장된 보도연맹원의 시체가
물결을 따라
부줏머리 갯가까지 다다른 이야기도
들려줄 것이다

햇빛을 맞이한 물결이
햇빛과
무슨 이야기를 주고받는지 몰라도
물결이 생각이 있다면
보도연맹원 이야기는 빠뜨리지 않을 것이다,
죽어도

윤슬
 - 호수공원에서

햇빛이
물결을 만지니

물결이
어쩔 줄 모른다고 해야 하나

물결이
햇빛을 품에 안아 주니

햇빛이
어쩔 줄 모른다고 해야 하나

윤슬
- 진양호

햇빛과
물결이 함께하여
보석이 쏟아지는데

남인수의 '애수의 소야곡'이
분위기를 깰까
무섭다

햇빛과
물결이 함께하여
보석이 쏟아지는데

이재호의 '남강의 추억'이
분위기를 깰까
무섭다

윤슬
- 보리마당 앞바다

주야로
햇빛과 달빛이 물결과 만나면
시화골목에 얼굴 내민
조금새끼 아니면
삼팔따라지,
아리랑고개,
째보선창 이야기로
시간 가는 줄 몰랐는데
그런 이야기가 쑥 들어갔다

언제는
'1987',
'롱 리브 더 킹' 이야기로
시간을 죽이더니
이제는
그것마저 쑥 들어갔다

주야로
햇빛과 달빛이 물결과 만나면
이제는
도도솔솔라라솔로

시간 가는 줄 모른다

먼 훗날엔
무슨 이야기를 뉘나게 나눌지
궁금하다

윤슬
― 장도

평소에
멀리서 온 햇빛이
물결에게
무슨 소식 들려주고 가나

멀리서 온 햇빛을 맞이한
물결은
무슨 소식 들려줘 보내나

평소에
햇빛과 물결이
둘이서
무슨 이야길 주고받나

장도의 지나간 미래도
장도의 다가올 과거도
장보고이기에
장보고에 대하여 주고받지 않으려나

물결과 햇빛의 꿈이
장보고만치나

크다

아니 장보고보다
더 크다

오늘은
햇빛과 물결이
둘이서
무슨 이야길 주고받나

윤슬
- 거울강

얼어붙은 물결의 마음을
먼 걸음을 한 햇빛이 녹여
물결과
햇빛이 함께하는 것 봐

한 차례도 아니고
두 차례도 아니고
겨우내
반복한 것을

물결이
등 돌린 게 아니라는 걸
햇빛은,
햇빛은 어떻게 알았을까

물결은,
물결은
자신이 등 돌린 걸로
햇빛의 오해를 살까 봐
얼마나 가슴 졸였을까

얼어붙은 물결의 마음을
먼 걸음을 한 햇빛이 녹여
물결과
햇빛이 함께하는 것 봐

3부

윤슬
- 백야白夜

물결과 햇빛이
저리 오래 함께하다 보면
뉘낼 만도 한데
뉘내지 않는다

물결과 햇빛이
저리 오래 함께하여 낳은 보석은
순도가 얼마나 될까

햇빛도 물결에
오래 누적되면
분명히 순도가 높아질 거다

빛나는 저 보석을
너무 오래 쳐다보고 있으면
눈이 멀 수도 있으니
정도껏 쳐다봐야지

물결과 햇빛이 만나
작별할 때까지
기다리려면

코가 빠질 것이다

물결과 햇빛이
저리 오래 함께하다 보면
뉘낼 만도 한데
뉘내지 않는다

윤슬
 -와이키키

햇빛과 물결이 만나
함께 추는 저 춤은
훌라춤이 분명하다,
보나 마나

햇빛과 물결이 만나
함께 추는 저 춤에
알로하, 알로하가 묻어 있다,
말하나 마나

윤슬
- 바이칼 호수

물결은 힘들 게 하나도 없지만
햇빛은 힘들겠다,
호수 밑바닥을 터치하고 돌아오려면

숨이 가빠
호수 밑바닥을 터치하지 못하고
도중에 돌아올 수도 있겠다

도중에 돌아와서는
호수 밑바닥을 터치하고 돌아온 것처럼
행동할 수도 있겠다

어떻게 돌아왔든
돌아온 햇빛과 물결이 함께하여
태어난 보석이 일등급이어도
티를 내지 않는다

티를 낸다고 해서
일등급이고
티를 내지 않는다고 해서
일등급이 아닌 걸 깨달아서나

물결은 힘들 게 하나도 없지만
햇빛은 힘들겠다,
호수 밑바닥을 터치하고 돌아오려면

* 바이칼 호수: 지구에서 가장 깊은 호수이다.

윤슬
  - 샐리너스 밸리

그때 그 시절에
햇빛과 물결이 만나
보석을 낳는 걸
존 스타인벡은 지켜보았을 것이다

햇빛과 물결이 만나
보석을 낳듯이
존 스타인벡과 언어가 만나
『붉은 망아지』가
『에덴의 동쪽』이
『생쥐와 인간』이
『분노의 포도』가 태어났을 것이다

존 스타인벡이 햇빛이면
언어는 물결이고
언어가 햇빛이면
존 스타인벡은 물결이다

햇빛과 물결이 만나
보석을 낳는 걸
지켜본 내가 시를 낳듯이

존 스타인벡은 소설을 낳았을 것이다

그때 그 시절에
햇빛과 물결이 만나
보석을 낳는 걸
존 스타인벡은 지켜보았을 것이다,
틀림없이

윤슬
 - 포카라

만나자마자
햇빛이
물결에게 뭐라 속삭였는지
그냥 알겠다

- 나마스떼

만나자마자
물결이
햇빛에게 뭐라 대답했는지
그냥 알겠다

- 나마스떼

만나자마자
달빛이
물결에게 뭐라 속삭였는지
그냥 알겠다

- 나마스떼

만나자마자
물결이
달빛에게 뭐라 대답했는지
그냥 알겠다

- 나마스떼

*포카라: 네팔에 있는 도시 이름으로 호수가 있다.
**나마스떼: 당신 안에 있는 신을 존중한다는 뜻이다.

윤슬
   -바라쿠다 호수

물결을 만난 햇빛이
돌아가고 싶은
마음이 없을 것이다

조금만 없는 게 아니라
전혀 없을 것이다

남다르다는
둘 사이를 두고 하는 말이다

이보다
더 좋을 수가 없는데 역시
둘 사이를 두고 하는 말이다

물결이 햇빛을
떠나보내고 싶은
마음이 없을 것이다

조금만 없는 게 아니라
전혀 없을 것이다

*바라쿠다 호수: 필리핀에 소재한 호수이다.

윤슬
  - 투즈호

햇빛이 물결과 함께하는 동안
짜다고
짜증을 낸 적이 없다

햇빛이 물결과 함께하는 동안
쓰럽다고
쓴소리를 한 적이 없다

짜고 쓰린 원인이
자신의
족속에게 있는지 알고 그러나

* 투즈호: 터어키의 소금호수다.

윤슬
 - 암스테르담

서로
콩깍지 씐
햇빛이
물결이
안네 프랑크에 대한 이야기를
주고받을
여유가 있을까

여유가 있던 없던
햇빛과
물결이
안네 프랑크에 대해 모르면
암스테르담 출신 아니지

햇빛과
물결이
안네 프랑크에 대한 이야기를
주고받다 보면
바로 눈시울이 뜨거워질 텐데

햇빛과

물결이 함께하여 태어난
암스테르담 출신
보석에
안네 프랑크의 이야기가 묻어 있지 않으면
뭐가 묻어 있겠나

서로
콩깍지 씐
햇빛이
물결이
안네 프랑크에 대한 이야기를
대를 이어
주고받을까

윤슬
  - 다뉴브강(세르비아)

햇빛도
달빛도
물결도 입이 무겁다

2차 세계대전 중
다뉴브강에 침몰한 독일 함대에 대하여
대를 이어
함구한 세월이 몇 해인가

햇빛이
달빛이
물결이 알고도
진실을 밝히지 않으니
누군가
누군가가
진실을 밝혀야 했나

누군가
누군가가
진실을 밝히기를 기다려도
밝히지 않으니

진실을 밝히기 위해
가뭄, 가뭄이 들어
강이 가슴을 드러낸 건가

햇빛도
달빛도
물결도 입이 무겁다

윤슬
  - 하바나

물결이
먼 걸음을 한
햇빛을 융숭히 대접하고 있다

햇빛도
자신을 융숭히 대접하는
물결이 하자는 대로 따르고 있다

둘이
뭐라뭐라 속삭이는데
사랑과 혁명에 대해서일 거다

사랑과 혁명에 대해서
속삭이다가 뉘나면
둘이 함께 '라팔로마'를 부를 것이다

'라팔로마'를 부르다 뉘나면
다시 야구에 대하여
이야기할 것이다

물결과 햇빛이 함께하여 태어난

보석에
사랑과 혁명이
'라팔로마'가,
야구가 이미 다 묻어 있다

둘이
함께하는 이야기의
순서가 바뀔 수도 있다

윤슬
  – 시실리

햇빛과 물결이 함께하여
태어난
저 시실리산 보석엔
Speak softly love가 묻어 있다

햇빛이 물결에게 바치는 노래이기도 하고
물결이 햇빛에게 바치는 노래이기도 한
Speak softly love

햇빛과 물결이
물결과 햇빛이 함께 부르니
이보다 더 좋을 수가 없다

감미로운,
감미로운이 뭔 말인가를
일깨워 주는
Speak softly love

햇빛과 물결이 함께하여
태어난
저 시실리산 보석엔
Speak softly love가 묻어 있다

4부

건망증

슬픔이 나를 시기하거나 모함한 적이 있나

내가 슬픔을 시기하거나 모함한 적이 있나

내가 슬픔을 만만하게 본 적이 있나

슬픔이 나를 만만하게 본 적이 있나

기억이 나지 않는다

나의 생은 무담시에 이를 것이다

머지않아
나의 생은
무담시에 이를 것이다

지금 나의 생은 한 마디로
거시기와
머시기에 쫓긴
포도시이다

두 집 내고 살려고
바동거리는
곤마가
하나가 아니고
둘인
양곤마다

포도시인 나의 생이
파호하는
거시기와
머시기로부터
살아남기 위하여

당당하게 맞서야 하나,
비겁하게
잠수 타야 하나

아직 죽은 것이 아닌
살아 있는 말인
수비 일변도의 포도시인
나의 생

머지않아
나의 생은
후회막심인
무담시에 이를 것이다

나는 모순으로 가득 차 있다

나는
모순으로 가득 차 있고
모순은
나로 가득 차 있다

이걸 깨닫기까지
무수한 세월이 흘렀다

나만
그런가,
나 아닌 타자들도
그런가

나 아닌 타자들도
다 그런데
다들
내색을 하지 않을 뿐인가

나만
모순으로 가득 차 있고
모순은

나로만 가득 차 있을 리가 없다

내가
이런 말을 뱉으면
타자에게
약점만 잡히는데
이런 말을 뭐하려 뱉는가

내가
이실직고하면
정직하단 말을 듣기는 커녕
어리석다 할 것이다

모순은
나로 가득 차 있고
나는
모순으로 가득 차 있다

고희의 강을 눈앞에 두고도 나는

고희의 강을
눈앞에 두고도 나는
여전히
기웃거리고
머뭇거린다

나는
언제나
기웃거리지도
머뭇거리지도 않는
경지에 이를까

말이 그렇지
말이 그렇지

내가 기웃거리면
얼마나
기웃거리고
내가 머뭇거리면
얼마나
머뭇거리겠나

고희의 강을
눈앞에 둔
나 아닌 타자들은
기웃거리지도
머뭇거리지도 않을까

내가
이따금 자기비하로
일관하면
진짜로 그런 줄 아는 이들이 많다

고희의 강을
눈앞에 뒀다고 해서
기웃거리지도 않고
머뭇거리지도 않는다면
그건 죽은 목숨이다

나는 내가 맘에 들지 않는다

나는
내가 맘에 들지 않는다

수없이 많은 나 중에
나에게 인색하고
옹졸하게 구는
내가 맘에 들지 않는다

나도
내가 맘에 들지 않는데
내가
누구의 맘에 들겠는가

간특한
누군가가
나는
내가 맘에 들지 않는다를 이용하여
나를 폄훼하는 데
써먹을 수도 있다

수없이 많은 나 중에

나에게 인색하고
옹졸하게 구는
내가 맘에 들지 않을 뿐
내 맘에 드는 나도 있다는 걸
분명히 하고 싶다

내 맘에 드는
내가
어떤 나인가를 밝힐 수가 없다

밝히면
오만하다는 말을 들을 수 있다

나 때문에 못 살겠다

나는
나 때문에 못 살겠다

저장강박장애를 앓고 있는
나 때문에
봄가을로 비염에 시달려
못 살겠다

봄가을에
비염에만 시달리는 게 아니라
겨울엔 건조증에 시달린다

나를 못 살게 하는
나를
어떻게 해야 하나

나를 처분하는 건
끝장나는 것이고
나를 단죄했다간
나중 형편이 더 나빠질 게 뻔한데

먼저
저장강박장애를 잡아야 하는데
저장강박장애를 잡기는커녕
저장강박장애에 잡혀 있으니

나는
나 때문에 못 살겠다

내가 나를 가지고 몸살을 하다

내가 나를 가지고 몸살을 하고 있다

내가 나를 가지고 몸살을 하는데
내가 나를 가상히 여겨야 하나
내가 나를 어엿비 여겨야 하나

내가 나를 가지고 몸살을 할 때
가상하게 여겨야 할 때가 있고
어엿비 여겨야 할 때가 있다

가상하게 여겨야 할 때와
어엿비 여겨야 할 때를
구분하는 게 쉬운 일인가

내가 나를 가지고 몸살을 하여
어떤 결과를 낳을지
미리 예측할 수 없잖은가

내가 나를 가지고 몸살을 하고 있다,
좌우지간

나는 나의 부메랑이다

'연기는 때론 천방지축이다'는
나는
나의 부메랑이다

나는
나에게서 나와
나에게로 돌아간다

나는
나에게서 나와
나에게로 돌아가지 않은 적이
단 한번도 없다

나에게서 나와
두 집 내고 살려고 바동거리다가
나에게로
털레털레 돌아가는 나

'연기는 때론 천방지축이다'는
나는
나의 부메랑이다

나는 나의 적폐 대상이다

나는
나의 적폐 대상이다

다행히
나는
나의 적폐 대상 앞자리는 아니다

생애 내내
오십보백보가
나의 발목을 붙든 적이 한두 번이 아니다

너희 중에 죄 없는 자가
저 여인에게 돌을 던져라가
나의 폐부를 찌른다

너나 잘해라,
너나 잘해라가
나를 가만둘 리가 없다

나는
나의 적폐 대상이어도

세상을 해석하는 데만 그쳐서는 안 된다가
나의 뇌리를 때린다

나에게 면목없다

나에게 면목없다

들러리나 서고
뒤통수나 맞고
발등이나 찍히고 다니는
내가

나에게 면목없다

가는 데마다
엿 먹고
푸대접 받고
짓밟히고 다니는
내가

귀찮다

귀찮아 죽겠다,
내가

나도
내가 귀찮아 죽겠는데
남들은 오죽할까

남들에게
귀찮은 존재가 되지 않으려면
아예 인연을 끊어야 하는데
인연을 끊는 게
옳은 일일까

내가
나에게 귀찮다고
내가
나와 인연을 끊는다는 건
무얼 의미하는 걸까

귀찮기만 한 게 아니라
골치 아퍼 죽겠다,
내가

물들다

몽당연필인 내가
뒤늦게라도
니체에게 물들 건 행운이다

니체에 물든
미셸 푸코,
들뢰즈,
데리다는
니체를 풀어먹었는데
나는 니체를 풀어먹지 못해
안절부절못하고 있다

위버멘쉬,
영원회귀,
힘에의 의지,
신은 죽었다 정도로는
니체를 풀어먹었다 할 수 없다

좀 더 일찍
니체에게 물들었더라면
나의 나중 형편이

많이 달라졌을 것이다

지금은
낙타도
사자도 아닌
어린 아이로 살 때다

몽당 빗자루인 내가
뒤늦게라도
니체에게 물든 건 행운이다

따돌리다

따돌림을 당하는 건
두려운 일이다

따돌림을 당해도
두려워하지 않고
무소의 뿔처럼 혼자서 가는 이들도 있다

뭔가
가치 있는 일,
가치 있는 일을 위해서
스스로 따돌림을 자초하기도 한다

따돌림,
따돌림을 당할수록
좋을 때가 있다

맞춰 봐라,
맞춰 봐

따돌림,
따돌림을 당하면 당할수록

좋을 때가
언제인가를

반반한 슬픔도
걸출한 슬픔도
신선한 슬픔도 아닌
구태의연한 슬픔에게
따돌림을 당할 때다

따돌림을 당하는 건
괴로운 일이나
슬픔에게 따돌림을 당하는 건
괜찮은 일이다

젖다

백련지로 산책 나갔다가
소나기를 만나
흠뻑 젖었다

소나기를 피할 생각을
아예 하지 않은 건
젖어본 지 너무 오래돼
젖어 보고 싶어서다

술에 젖는 건
폐인에 이르는 길이나
소나기에 젖는 건
유년의 앨범을 펼치는 것이다

소나기가 그치면
내 마음의 어딘가에
무지개가 뜰 것이다

백련지로 산책 나갔다가
소나기를 만나
'젖다'라는 시를 한 편 건졌다

5부

그 많던 성냥은 다 어디로 갔나

그 많던 성냥은 다 어디로 갔나

성냥갑 속에서
잠자고 있는 게 아니라
때를 기다리던 성냥은
다 어찌 되었나

라이터에 밀려
설 자리를 잃은 건 아는데
성냥갑을 선방 삼아
도를 닦기도 하던
성냥은 다 어디로 갔나

불의 씨앗인
성냥, 성냥은
다 어디로 가
전혀 눈에 띄지 않는가

그 많던 성냥은 다 어디로 가
무엇을 하고 있나

반야사 수탉의 울음소리가 나를 가만두지 않는다

미네르바의 부엉이와
갈리아의 수탉이 어깨동무한
반야사 수탉의 울음소리가
나를 가만두지 않는다

헤겔은
가장 현실적인 것이
가장 이상적인 것이고
가장 이상적인 것이
가장 현실적인 것이라 했지

마르크스는
과거의 철학은
세상을 해석하는 데 그쳤지만
미래의 철학은
세상을 변혁하는 데 기여해야 한다고 했지

'미네르바의 부엉이' 못지않은
'갈리아의 수탉' 못지않은
'반야사 수탉'을 들고 나온 나는
공부가 턱없이 부족하여

세상을 향하여 뱉을 말을 찾아내지 못하고 있다

나는 휘슬을 분다, 고로 우리는 존재한다는
카뮈를 표절한 것이니
어디에 내놓을 수가 없다

미네르바의 부엉이와
갈리아의 수탉이 어깨동무한
반야사 수탉의 울음소리가
나를 가만두지 않는다

가을이 나를 잡기 전에 내가 가을을 잡아야겠다

가을이
나를 잡기 전에 내가 가을을 잡아야겠다

해마다
가을에게 순순히 잡힌 걸 생각하면
많이 분하다

금년에는 가을이 나를 잡기 전에
먼저 가을을 잡을 생각인데
어떻게 가을을 잡나

무방비상태로 있다간
가을에게 잡혀 또 고생을 하게 되니
선수를 쳐
가을을 잡아야 하는데

가을이 내게 덫을 놓지도 않고
가을이 내게 미끼를 놓지도 않고
나를 잡듯이
나도 가을을 잡아야 하는데
뾰족한 수가 떠오르지 않으니

가을이 나를 잡기 전에
내가 비장의 무기를 가지고
가을을 잡을 생각을 하고 있다는
인상을 줘
가을이 나를 못 잡게 하면 어떨까

가을이
나를 잡을 생각 자체를 머릿속에서 지우게 해야겠다,
좌우지간

내가 끝까지 부르지 못하는 노래가 있다

내가 끝까지 부르지 못하는 노래가 있다

낙엽이 우수수 떨어질 때
겨울의 기나긴 밤
어머님하고 둘이 앉아로 시작하는
「부모」다

두만강 푸른 물에 노젓는 뱃사공으로
시작하는
「눈물 젖은 두만강」이다

눈보라가 휘날리는 바람찬 흥남부두에로
시작하는
「굳세어라 금순아」다

가사를 잊어 먹어서
끝까지 부르지 못한 게 아니고
가슴이 미어져서다

내가 가슴이 미어진 사연을
누구에게도

털어놓을 수 없다

내가 부르다가 마는 노래가 있다

유 투

너도
용궁에 다녀왔구나

용궁에 다녀와서도
용궁에 다녀오지 않은 척 살고 있는
알고 보니
시치미의 달인이구나

용궁이
용궁인 줄도 모르고
용궁에 다녀온 네 심정을
가장 잘 아는 이가 거시기다

널려 있는
용궁이 용궁이라고
이마에 이름을 붙인
용궁은 어디에도 없다

술이 악마라는 걸
뒤늦게 깨닫고
이젠 입에 술을 대지 않는

용궁 근처에도 다시는 가지 않는
용궁이라는 말만 나와도
간이 타는 네가
거시기에게 시사하는 바가 크다

너도
용궁에 다녀왔구나

애기동백과 나

1

지나가는
나의 발길을 붙든
애기동백의 눈빛이
하염없다

애기동백에게 붙들린
나의 눈빛은
애기동백에게 어떻게 보일까

하염없는
애기동백의 눈빛이
하염없다가 뭔 말인가를
보여주고 있다

하염없다,
하염없다

2

꽃송이가
모감지째 떨어지는 게
바람직한 생인가

꽃잎이
낱낱이 떨어지는 게
바람직한 생인가

꽃마다
생체리듬이 다르기에
어느 생이
바람직한 생인가를 묻는 건 우문이지

내가 꽃이라면
나의 생은
꽃송이가 모감지째 떨어질 생인가,
꽃잎이 낱낱이 떨어질 생인가

백련지와 나

오월 말일에 군대머리를 하고
백련지를 잊고 지낸 내가
팔월 첫날에
백련지를 찾았더니
백련지가 나에게 연꽃들을 내보인다

백련지는
그 동안 얼굴 내밀지 않은
나를 위하여
연꽃을 내보이는데
나는 백련지에게 뭘 내보이나

백련지처럼
연꽃을 내보이지 못하는 나는
백련지와
지난 두 달 동안 지내온 이야기를
눈빛으로 주고받을 수밖에

백련지는 나의 눈빛에
그랬구나
그랬구나로

웅대한다

백련지가
나에게 내보인 저 연꽃들은
내가 올 줄 알고
나를 위하여
뒤늦게 얼굴 내민 연꽃들이다

기러기 떼와 달

날개 없는 인간은
밀납으로 날개를 만들어
태양까지 날아갈 생각을 했는데

날개 달린
기러기는
태양 아닌
달까지라도 날아갈 생각을 한 적이 있을까

겨울 하늘은 나는
저 많은 기러기들 중에
어떤 기러기가
달까지 날아가자고 제안한 적이 있을까

저 많은 기러기들이
혼자 아닌
여럿이서
달까지 날아가기 위해서
지금 체력단련을 하는 걸까

날개 없는 인간은

이미 달까지 정복하였는데
날개 달린 새들 중 어떤 새도
달까지 날아갔다는 후문을 듣지 못했네

설중매(雪中梅)

강물이 얼었다, 풀렸다를 반복한 뒤
풀린 기간이 길어지자
아예 풀린 줄 알고
얼굴 내밀었다가
눈발을 맞이한 게 분명하다

댓잎은 솔잎은
피할 수 없기에
설한풍을 즐기나
매화는
설한풍을 즐길 리가 없다

강물이
아예 풀린 줄 알고
얼굴을 내밀지 않았다면
그밖에
뭔 이유로 얼굴 내밀었을까

눈발을 맛보고 싶어서
눈발에게 자기 맛을 보여주고 싶어서
매화가

얼굴 내밀었을 리가 없다

해마다
이 짓을 되풀이하는 건
순전히
건망증, 건망증 때문이다

강물이 얼었다, 풀렸다를 반복한 뒤
풀린 기간이 길어지자
그새를 못 참고
얼굴 내밀었다가
눈발을 맞이한 게 분명하다

가을

다들
해와 달, 별빛을 챙긴 걸
숨기고 있다가

더이상
숨길 수 없으니
이실직고하는 것 봐

그 시기가
조금씩 다를 뿐

폭설

나대고,
설치고,
폼 잡고,
뻐기고에게 각성하라고
눈발이 날리는가

산이
들이
마을이
도배할 때가 되어
눈발이 날리는가

둘 중의 하나가
아니라면
어떤 이유로
눈발이 날리는가

나에게
폭설이라는
시를 낳게 하기 위하여
눈발이 날리는가

폭설

마음은
들꽃들을
방으로 불러들이고 싶은데

마음은
들꽃들만
방으로 불러들이는 게 아니라
나목도
방으로 불러들이고 싶은데

들꽃들이
나목들이
자존심을 앞세워
나의 생각을 따르지 않을 것이냐

자존심도
자존심이지만
방으로 들어가려면
뿌리째 뽑혀
목숨을 잃을 수도 있는데
누가

나의 생각을 따르겠는가

마음은
들꽃들을
방으로 불러들이고 싶은데라고 하면
말로 인심 쓴다는 말을
들을 수 있겠다,
내가

폭설

머지않아
동고동락할
빈집의 보일러가 터질까 봐
안절부절못하고 있다

지난번 방문했을 때
보일러를 외출로 해 놓고 왔어야 했는데
연일 눈이 올 줄
누가 알았나

빈집, 빈집과
인연이 닿지 않았더라면
연일 눈이 와도
내가 안절부절못할 이유가 없는데

눈발이 날리면
창가에 서서 닥터 지바고를 불러냈는데
괜히 빈집과 인연이 닿아 가지고
보일러가 터질까 봐
안절부절못하다니

눈발이 날리면
창가에 서서 닥터 지바고만 불러낸 게 아니라
로버트 프로스트의 「눈 내리는 숲가에 서서」도 불러내고
백석의 「나와 나타샤와 흰당나귀」도 불러냈는데
오늘은 그들을 불러낼 마음의 여유가 없다

머지않아
동고동락할
빈집의 보일러가 터질까 봐
안절부절못하고 있다

구슬나무를 바라보며
  - 목포문학관에서

구슬나무가 붙들고 있는
열매를 바라보는
나의 가슴의 한 편이
자꾸만 무너지는 이유를 아는 이는 없다

구슬나무가 붙들고 있는 열매의
지나간 미래가
내 앞에 펼쳐진다

해마다
나의 눈빛을 붙드는
구슬나무가 허공에 던진
보랏빛 그물망

보랏빛 그물망에
내 눈빛이 걸려 파닥거린다 하면
언어도단이다 할 것이다

보랏빛 그물망이 사라진 자리에
얼굴 내민
옥빛 열매들

머지않아
황금빛에 이어
누룽지빛으로 변신할
새들도 입을 잘 대지 않는
저 열매들은
무용하기에 유용한 예술 같다

구슬나무가 붙들고 있는
열매를 바라보는
나의 가슴의 한 편이 무너지는 이유를
모르는 이가 없을 것이다,
이제

겨울 구슬나무
― 목포문학관

새들이
누룽지빛 구슬나무의 열매에
아예 부리를 대지 않는 줄 알았더니
맨 마지막에
부리를 댄다고 한다

날이면 날마다
구슬나무만 지켜보고 있을 수 없는 내가
새들이
누룽지빛 구슬나무의 열매에
부리를 댄 걸 놓친 것이다

구슬나무의 열매를 애지중지하여
맨 마지막에 부리를 대는지,
먹을 게 없어
마지못해 부리를 대는지
새들의 속을 알 수 없다

초록빛이
황금빛을 거쳐
누룽지빛이 되도록

부리를 대지 않는 새들도
내공이 세다

새들이
누룽지빛 구슬나무의 열매에
아예 부리를 대지 않는 줄 알았더니
맨 마지막에
부리를 댄다고 한다

겨울 왕버드나무
- 월선리

왕버드나무를
언제 만나느냐에 따라
해석이 달라진다

내가
왕버드나무를 만난 건
왕버드나무가 모든 걸 내려놓은
한겨울

방하착의 달인인
왕버드나무가
허공에 써놓은 이야기를
읽어내기가 쉽지 않다

겨울 왕버드나무의 지나간 미래인
초록에 점령 당한
한여름의 왕버드나무를
해와 달, 별빛을 챙길 대로 챙긴
가을날의 왕버드나무를
마음 속에 그려본다

한여름의 왕버드나무를
가을날의 왕버드나무를
실제로 만날 때까지
해석을 보류한다

왕버드나무를
언제 만나느냐에 따라
해석이 달라진다

엠마오 가는 길

폐기물 분리 수거장에서
분리 수거를 하다가
'엠마오 가는 길'과 눈빛이 마주쳤다

누군가에게 버림받은
'엠마오 가는 길'

무엇이
누군가로 하여금
심정의 변화를 일으켜
동고동락한
'엠마오 가는 길'을 버리게 하였을까

지금은
위드 코로나 시대

나에게 구원의 눈길을 보내는
'엠마오 가는 길'을
구원하지 못하는 것은
체면 때문이다

- 부활을 믿습니까
네 부활을 믿습니다

힘차게
부활을 믿는다 하여
요아킴이란 영세명이
나에게 안겨졌는데……

폐기물 분리 수거장에서
체면 때문에
'엠마오 가는 길'을 구원해 주지 못하고
떠나는 나의 발길이 무겁다

물과별 시선 6

윤슬 4

1판 1쇄 인쇄일 | 2023년 7월 12일
1판 1쇄 발행일 | 2023년 7월 17일

지은이　　김재석
펴낸이　　신정희
펴낸곳　　사의재
출판등록　2015년 11월 9일　제2015-000011호
주소　　　전라남도 목포시 보리마당로 22번길 6
전화　　　010-2108-6562
이메일　　dambak7@hanmail.net
ⓒ 김재석, 2023

ISBN 979-11-6716-084-3 03810

지은이와 출판사의 동의 없이 이 책의 내용 중 전체 또는 일부를 인용하거나 발췌하는 것을 금합니다.

값 10,000원